성화의 삶

(Sanctified life)

성화의 삶

지은이 | 림형천
초판발행 | 2008. 10. 31
16쇄 발행 | 2025. 4. 12
등록번호 | 제 3-203호
등록된 곳 | 서울시 용산구 서빙고동 95번지
발행처 | 사단법인 두란노서원
영업부 | 2078-3333 FAX 080-749-3705
출판부 | 2078-3477

▎책값은 뒤표지에 있습니다.
ISBN 978-89-531-1087-8 03230

▎독자의 의견을 기다립니다.
tpress@duranno.com   http://www.Duranno.com

두란노서원은 바울 사도가 3차 전도 여행 때 에베소에서 성령 받은 제자들을 따로 세워 하나님의 말씀으로 양육하던 장소입니다. 사도행전19장 8-20절의 정신에 따라 첫째 목회자를 돕는 사역과 평신도를 훈련시키는 사역, 둘째 세계선교(TIM)와 문서선교(단행본·잡지)사역, 셋째 예수문화 및 경배와 찬양 사역, 그리고 가정·상담 사역 등을 감당하고 있습니다. 1980년 12월22일에 창립된 두란노서원은 주님 오실 때까지 이 사역들을 계속할 것입니다.

성화의 삶
(Sanctified life)

림형천 지음

두란노

CONTENTS

차 례

서문
: 바른 교재 사용을 위한 필독 사항 – 7가지 목적과 지침

1. 두 주인 사이에서 / 18
: Between two masters

2. 유혹을 이기는 삶 / 28
: Living and overcoming temptation

3. 기도는 영혼의 호흡 / 38
: Prayer is the breathing of the spiritual life

4. 영의 양식인 하나님의 말씀 / 48
: God's word is our spiritual food

5. 한 지체로서의 교제 / 58
   : Fellowship as one body

6. 잃어버린 영혼을 찾아서 / 66
   : Searching for those who are lost

7. 섬김이 있는 생활 / 76
   : Living a life of service

8. 하나님께서 창조해 주신 가정 / 84
   : God gave us our family

서문
Sanctified Life

바른 교재 사용을 위한 필독 사항
– 7가지 목적과 지침

: Seven purposes & guide you must read for correct
and successful application of the text

다양한 성경공부 교재는 어디에서나 손쉽게 구할 수 있을 만큼 많이 있다. 그 중에서 내게 맞는 교재를 찾으려면 그 성경공부 교재가 어떤 상황에서 왜 만들어졌으며 어떻게 사용되어야 하는지를 잘 알아야 한다. 본 성경공부 교재는 미국 서부에 위치한 나성영락교회의 목회 현장에서 '개인과 교회의 바람직한 변화와 성장' Change and growth to the individuals and churches 을 목적으로 하여 만들어졌고 현재 사용되고 있는 것이다. 본 교재는 변화를 요구하는 시대적 요청에 부응할 뿐 아니라 그 변화를 가장 어렵게 만드는 요소가 교회 자체에 있음을 발견하여 그 해결책을 찾고자 했다는 점에서 중요한 의미를 갖는다. 현재 나성영락교회는 몇 가지 대단히 중요한 변화를 추구하고 있는 중이며, 이를 효과적으로 돕는 데 이 교재가 사용되고 있다.

교회는 그 교회가 속한 시대나 교회 자체의 성장에 따라 변화해야 한다. 하지만 그 변화가 쉽지 않다는 것이 교회의 공통된 경험이다. 현재 나성영락교회가 추구하는 변화란 현대의 거의 모든 교회들이 동일하게 추구해야 할 요소들로서 다음과 같이 정리할 수 있다.

- 전통교회에서 새로운 세대에 효과적으로 적응하는 교회로의 변화 Effective ways for a church to transition from the traditional church to a church of a new generation
- 교인들만 품는 교회가 아니라 복음의 능력으로 세상을 품는 교회로의 변화 Becoming a church that not only embraces the believers, but embracing the world through the power of the gospel
- 대형교회 또는 성장하는 교회이면서 초대교회와 같은 소그룹의 영적인 역동성을 가진 교회로의 변화 Movement towards achieving the spiritual power through the small group of a large or growing church that maintains the essence of the early church
- 프로그램 중심에서 사람 중심 교회로의 변화 Changing from a program-centered to people-centered church

이를 위해서는 다음과 같은 일곱 가지 지침이 요구된다.

1. 변화를 위한 변화는 무의미하며 말씀이 변화를 주도해야 한다 Word of God must be the bases for change or change will be meaningless

마르틴 루터 Martin Luther의 종교개혁도 철저히 말씀 중심의 운동이었다. 그는 시편과 로마서 등 하나님의 말씀을 통하여 비로소 자신을 발견하였을 뿐 아니라 교회를 바르게 인식하였다. 그는 당시 일반인들에게 주어지지 않았던 성경을 번역하였는데, 종교개혁이 성공할 수 있었던 중요한 요인이 바로 성경의 보급에 있었다. 이처럼 모든 개혁자들의 가장 중요한 표어가 '오직 성경' sola scriptura 인 점은 오늘날 우리 그리스도인들에게 값진 깨달음을 준다.

요즘 교회의 여러 한계를 경험하면서 대안이나 새것을 찾아 헤매는 교회와 지도자들이 많이 늘고 있는 추세이다. 하지만 단지 변화를 위한 변화 추구라면 그것은 또 하나의 문제를 만드는 헛수고일 것이다.

하나님의 말씀이 오늘의 교회를 이끄시도록 해야 한다. 오직 말씀만이 변화를 가능케 하는 원동력이요, 변화의 바른 방향을 잡아주는 중심축이기 때문이다. 무조건 달라지는 것만이 능사는 아니다. 말씀을 통해 교회를 향한 하나님의 뜻을 바로 알고 성령께서 원하시는 변화를 이룰 때, 비로소 진정한 변화를 가로막는 모든 속박 가운데서 자유할 수 있다.

2. 교인들의 양육과 교육을 위한 필수 과목이 필요하다 Believers need required courses for growth and education

필수 과목이 필요하다는 것은 교인들도 쉽게 알 수 있는 객관적인 커리큘럼이 필요하다는 뜻이다. 적절한 커리큘럼 없이 이런저런 성경공부를 계속하는 것만이 성장은 아니기 때문이다. 한국 교회는 대략 30년 이상 프로그램 또는 프로젝트에 의지해 왔다. 성경공부든 신앙 훈련 프로그램이든 하나가 끝나면 또 다른 것을 해야만 했다. 그것이 새로움이요 앞서는 일이라고 생각했기 때문이다.

목회자 입장에서 이 교재가 끝나면 다음에는 무엇을 해야 하는지 늘 고민이 되었다. 교인들도 한 교재가 끝나고 그 다음 프로그램이 제공되지 않으면 왠지 모르게 불안해한다. 따라서 교회에서 제공하는 양육 체계에서 현재 내가 어느 수준에 도달해 있는지 분명한 그림을 제공해 주는 것은 교인들에게 적절한 도움이 된다.

필수 과목이 필요하다는 것은 교인들의 기본 교육에 충실해야 한다는 뜻이다. 필수 과목이라는 커리큘럼이 없을 경우, 꼭 필요한 성경공부나 양육에 모든 교인들이 참여하기란 불가능하다. 원하는 사람 또는 가능한 사람들만 참여할 뿐이다. 기독교의 기본 진리와 교인들로서 가져야 하는 영적 훈련에서 소외된 이들이 상대적으로 더 많아지게 되는 것이다. 이러한 점은 장기적으로 볼 때 대단히 큰 영적 손실이다. 교회에 맡겨진 영혼들에게 꼭 필요한 교육을 되도록 철저히 하는 것이 교회의 책임이기 때문이다.

또한 필수 과목이 필요하다는 것은 준비된 교인들에게 적절한 책임이 부여된다는 것을 의미한다. 필수 과정을 통해 복음에 대한 바른 이해를 가진 교인들에게는 이에 적절한 책임과 사명을 맡기는 것이 필요하다. 초대교회 때는 복음을 듣고 믿음을 고백하고 세례를 받은 사람들은 곧바로 복음 전하는 자들로 살아갔다. 특별한 훈련을 따로 받지 않았어도 복음을 위하여 귀한 도구로 사용된 셈이다.

하지만 현대 교회는 끊임없는 훈련과 교육을 받아도 따지고 보면 특별히 맡겨지는 것이 없다. 마치 직책을 받지 않으면 일할 수 없고 직책이 없으면 지도자가 될 수 없다는 전제를 가지고 있는 듯하다. 각자 개인을 사용하는 복음의 능력이 제도와 직책에 묶여 있을 수 있다는 것이다. 필수 과목을 마친 교인들에게 복음을 전하고 영혼을 돌보게 하며 다른 영혼을 양육하는 일들을 맡기고 격려해야 한다.

참고로 나성영락교회의 교인 양육 커리큘럼은 다음과 같다.

■ 필수 과목

5단계 양육 과정으로 모든 교인들이 반드시 참여하고 훈련받아야 하는 과정이다.

- 1단계 – 새 생명의 삶 (성경공부)
- 2단계 – BC/AD 수련회 (주말 1박2일 수련회)
- 3단계 – 성화의 삶 (성경공부)
- 4단계 – LT수련회 (주말 1박2일 수련회)
- 5단계 – 지도자의 삶 (성경공부)

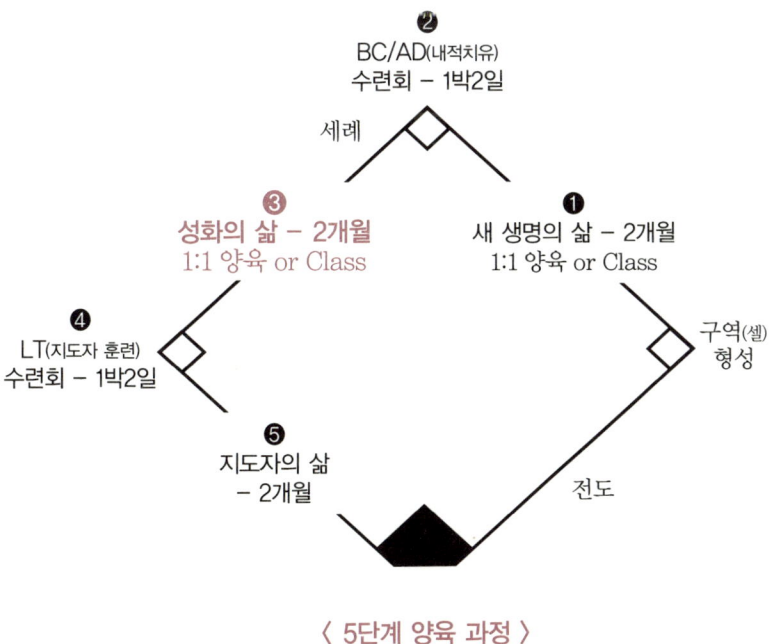

〈 5단계 양육 과정 〉

■ 선택 과목

교인들이 각자의 필요에 따라 자유롭게 참여할 수 있는 훈련과 봉사 과정으로 5단계 양육 과정 이외의 모든 성경공부와 프로그램이 평생 교육 과정으로 제공되며 각자 주도적으로 선택하여 참여한다. 예를 들어 1년을 4분기로 하여 매 분기별로 성경 권별 또는 주제별 성경공부 3-5과목이 제공되고 있다.

3. 평신도들에게 다른 사람들을 가르치도록 기회를 준다 Give all believers opportunity to teach others

이 교재는 필수 과정을 마친 사람들이 다른 사람들을 가르치고 지도하도록 계획되어 있다. 목사나 장로, 안수집사, 권사 등 소위 인정된 직분자들만 가르치는 자리에 서는 것이 아니라, 복음에 대한 바른 이해와 필요한 과정을 마친 사람에게는 누구나 다른 영혼들에게 복음을 전하고 나누는 책임이 부여되는 것이다.

최근 윌로우크릭 교회 Willow Creek Church의 빌 하이벨즈 Bill Hybels 목사는 〈리빌〉 Reveal 이라는 보고서를 통하여 지금까지 윌로우크릭 교회의 목회적 전제 일부가 잘못되었음을 고백했다. 그중 한 가지는 교회가 제공하는 프로그램에 참여하면 교인들이 영적으로 성장하게 된다는 것이다. 물론 어린 시절에는 부모의 역할이 무엇보다 중요하다. 하지만 어느 정도 성장하면 그때부터 부모는 코치의 역할로 전

환해야 한다. 교회도 마찬가지다. 복음을 바르게 이해하고 기본적인 교육을 받은 사람들은 다른 영혼들을 위하여 일할 기회를 주며 교회는 그들을 코치해 주어야 한다는 의미이다. 그래야 교인들이 더 바르고 건강하게 성장한다는 것이다. 전적으로 옳은 판단이라고 생각된다. 다만 가르치는 이들에 대하여 교회가 코치 역할을 하는 것은 중요하다. 이 교재는 가르치는 모든 이들이 해당 교구 또는 목양, 셀 등을 지도하는 목사에게 지도와 도움을 받는 것을 제안한다.

4. 가르침 자체가 복음뿐 아니라 자신의 삶을 나누는 섬김이다 Teaching is not only about knowledge, but it is part of sharing one's life with others

가르침을 하나의 지식 전달로 볼 때 가르치는 자는 상대적으로 우월감을 가질 수 있다. 심지어 훈련자를 자신의 제자라는 식의 잘못된 생각을 가지게 된다. 이것은 교회를 또 하나의 보이지 않는 계급 집단으로 만들고, 교인들에게 잘못된 영적 교만을 불러일으킬 수 있다. 평신도들에게 말씀을 가르칠 기회를 준다는 것은 말씀을 통하여 내가 받은 은혜, 내가 깨달은 복음, 그리고 내가 만난 주님을 나누게 한다는 뜻이다. 가르침 자체는 말씀에 대한 섬김이며 다른 영혼에 대한 섬김이다. 이런 자세는 잘못된 영적 교만에서 모두를 보호할 수 있다. 다른 영혼에게 복음을 전함으로써 자신이 성장하고,

그 섬김을 받는 다른 영혼도 함께 자라가게 하는 것이 이 교재의 목표이다.

5. 지식 전달의 강의식보다는 삶을 나눌 수 있는 소그룹이 효과적이다 Rather than pedagogical teaching, small group method is more helpful for people to share their lives with others

이 교재는 두 가지 형태로 제공되는 것이 좋다. 한 가지는 주일날 교회에서 강의식으로, 다른 한 가지는 각 구역, 교구, 셀 등을 통하여 개개인 또는 소그룹으로 제공되는 것이다.

강의식 공부를 제공하는 것은 직장, 건강, 성격 등 개인 사정으로 따로 만날 시간을 내지 못하는 이들을 위한 배려일 뿐 그것이 가장 바람직한 방법은 아니다. 될 수 있으면 소그룹 형태가 바람직하다. 만약 부부들이 함께 모여 공부한다면 세 쌍 이내로 모이는 것이 좋다. 이미 언급한 대로 말씀을 가르치는 일이 지식 전달이 아니라 내가 받은 은혜와 깨달은 말씀, 그리고 나의 삶을 나누는 일이기 때문이다. 이 과정을 통할 때 피차 영적으로 성장하며 초대교회와 같은 영적 유대감과 생동감을 체험하게 된다.

6. 교재를 충실히 따라가도록 한다 Be faithful in keeping up with the material

다음 세 가지 이유로 교재에 충실할 것을 제안한다. 첫째, 가르치는 자에 따라 공부 내용에 차이가 나지 않게 한다. 둘째, 이 과정은 모든 교우들의 영적 생활을 돕는 필수 과정이므로 충실히 그 내용을 다루어야 한다. 셋째, 먼저 배운 사람이 다른 사람을 가르쳐야 하므로 교재를 성실하게 다루는 것이 바람직하다. 이러한 이유로 이 교재는 내용을 비교적 구체적이고 자세하게 다루었다.

7. 재생산이 중요하다 Reproduction is important

이 교재는 말씀을 배운 이들이 똑같이 다른 사람들에게 나누고 가르치는 것을 목적으로 삼고 있다. 그렇다면 배운 이들이 잘 가르치고 전할 수 있도록 만드는 것이 성공적인 교육이다. 가르치는 이가 자신만의 독특한 교육 방법과 내용을 전달하여 배운 이들이 따라 할 수 없게 된다면 그것은 바람직하지 않다. 이 교재를 통하여 하나님의 말씀과 삶을 함께 나눈 경험 그대로 다른 사람들과도 나눌 수 있어야 한다. 이 교재의 성공 여부는 훈련생이 훈련받은 그대로 또 다른 훈련생을 가르치는 데서 나타나게 된다.

이 교재를 바르게 사용하기 위한 일곱 가지 지침을 다시 정리해 보자.

[교재를 바르게 사용하는 7가지 지침]

1. 변화를 위한 변화는 무의미하며 말씀이 변화를 주도해야 한다.
2. 교인들의 양육과 교육을 위한 필수 과목이 필요하다.
3. 평신도들에게 다른 사람들을 가르치도록 기회를 주어야 한다.
4. 가르침 그 자체가 복음뿐 아니라 자신의 삶을 나누는 섬김이다.
5. 지식 전달의 강의식 보다는 삶을 나눌 수 있는 소그룹이 효과적이다.
6. 교재를 충실히 따라가도록 한다.
7. 재생산이 중요하다.

이 교재는 말씀을 배운 이들이 똑같이 다른 사람들에게 나누고 가르치는 것을 목적으로 삼고 있다. 이 교재를 통하여 하나님의 말씀과 삶을 함께 나눈 경험 그대로 다른 사람들과도 나눌 수 있어야 한다. 이 교재의 성공 여부는 훈련생이 훈련받은 그대로 또 다른 훈련생을 가르치는 데서 나타나게 된다.

성화의 삶

Sanctified Life

1. 두 주인 사이에서

: Between two masters

결국 우리들이 예수를 믿을 때에 생기는 갈등과 그 바람직한 해결은 두 주인의 문제임을 잘 인식하는 데서부터 시작된다. 죄악성의 옛 본성과 주님께서 주시는 새 본성 사이에서 참된 주인의 뜻을 따르게 될 때에 갈등은 건강한 해결을 가져오며 우리들로 하여금 주님을 닮아가게 하며 결국 성화와 아울러 축복이 되는 것이다.

우리들이 새 생명을 얻은 이후, 우리들 속에서 시작된 새 생명은 계속해서 성장해 가고자 하며 또한 성장해야만 한다. 이 과정을 성화의 과정이라고 한다. 이 과정을 잘 밟아 가는 것은 능력 있는 그리스도인이 되기 위하여 매우 중요한 과정이라고 할 수 있다.

'성화의 삶' 과정을 통하여 참된 성화의 길이 무엇인지, 성화를 어떻게 이루어 가야 하는지 앞으로 차근차근 공부하고자 한다.

예수를 믿게 되었다는 것은 많은 변화를 의미한다. 몇 가지 중요한 것들을 살펴보자.

- 구원
- 신분의 변화
- 분명한 삶의 목적과 소명
- 하나님과 동행, 교제
- 새로운 공동체의 일원

예수를 믿는다는 것은 단지 교회를 열심히 다니는 것만을 의미하지 않음을 신앙인들은 다 알고 있다. 주일이면 교회를 가게 되는 변화 이외에도 예수를 믿기 전과 믿은 후에는 정도의 차이는 있을지언정 여러 가지 변화가 동반되기 때문이다. 이러한 변화는 삶의 변화를 불러일으키는 매우 중요한 계기가 된다.

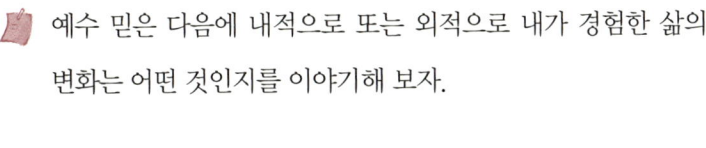 예수 믿은 다음에 내적으로 또는 외적으로 내가 경험한 삶의 변화는 어떤 것인지를 이야기해 보자.

_____
_____

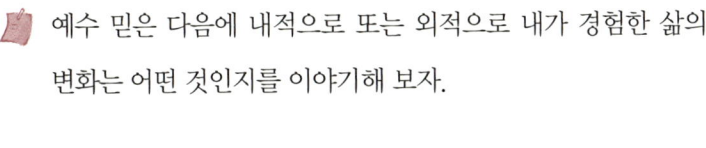 여러 가지 변화 중에 특별히 예수를 믿을 때에 생기는 갈등, 즉 이전에는 없었던 갈등에는 어떤 것들이 있었는지 이야기해 보자.

_____

예수를 믿을 때에 생기는 갈등
Facing struggles when following Jesus

예수를 믿은 이후에는 전에 없었던 갈등이 생긴다. 왜냐하면 이전에 없었던 또 다른 가치관이 생겼기 때문이다. 사실 이러한 갈등이 생기지 않는다면 그 믿음이 건강하지 못함을 의미할 수도 있다. 그러므로 갈등이 있다는 것은 절대로 나쁜 것이 아니라 더 좋은 길로 가기 위한 과정이라고 생각하면 된다.

📝 고린도후서 7장 10절에서는 이러한 갈등을 어떻게 표현했는가?

_____

_____

📝 로마서 7장 18-25절을 읽고, 사도 바울과 같이 훌륭한 그리스도인이 어떤 갈등을 느꼈으며 그러한 자신의 상태를 무엇이라고 고백하고 있는지를 살펴보자. 그리고 사도 바울의 갈등에 공감이 가는 부분들을 서로 나누어 보자.

_____

_____

예수를 믿을 때에 갈등을 느끼는 이유들

Reasons for experiencing struggles when following Jesus

1. 내 속에서 생긴 변화

- 갈라디아서 2:20

2. 내 속에서 생기는 또 다른 법 또는 욕구

- 로마서 7:21-23

3. 내 삶의 주인이 바뀌었음

- 골로새서 2:6-7

- 고린도전서 12:3

성경은 예수 그리스도를 주님 Lord 으로 고백하고 있다. 예수님도 당신 자신을 주라고 말씀하고 계시며 사도 바울은 그의 서신에서 예수를 주라고 250회 이상 고백하고 있다.

결국 우리들이 예수를 믿을 때에 생기는 갈등과 그 바람직한 해결은 두 주인의 문제임을 잘 인식하는 데서부터 시작된다. 죄악성의 옛 본성과 주님께서 주시는 새 본성 사이에서 참된 주인의 뜻을 따르게 될 때에 갈등은 건강한 해결을 가져오며 우리들로 하여금 주님을 닮아가게 하며 결국 성화와 아울러 축복이 되는 것이다.

내적 갈등이 축복이 되는 길
Inner struggle as a way of blessing

지금까지 살펴본 대로 우리들 속에 갈등이 있는 것 자체는 신앙인으로서 오히려 건강하다는 의미이기도 하다. 하지만 이 갈등을 바르게 해결하지 않는다면 주님의 자녀로서 바른 삶을 살지 못하게 되고 주님의 뜻이 우리들의 삶을 통하여 이루어지지 않음을 뜻한다. 내적 갈등이 축복이 되는 길은 언제나 주님을 나의 삶의 주인으로 선택하는 것이다.

1. 예수님의 주 되심을 고백하는 삶

- 누가복음 6:46

- 마태복음 7:21

예수님을 믿는 것은 분명 입으로만 '주여 주여' 하는 것을 의미하지 않는다. 다음의 글을 읽고 무엇을 느끼는지 이야기해 보자.

> 〈글래머〉 Glamour라는 잡지사에서 2만5천 명의 독자들을 대상으로 조사한 내용이다. 18세부터 35세까지 여성들의 영적 생활은 통계로 볼 때 훌륭했다. 77퍼센트가 기도 생활을 하며 87퍼센트의 사람들이 하나님께서 언제든지 또는 특정한 경우에 자신을 돕고 계신다고 고백했다. 하지만 그들의 삶의 현장에서는 성경의 가르침보다는 자기들의 생각이나 세상의 가치관을 더 많이 따르고 있음이 나타났다. 결혼 전 성관계에 대하여는 거의 과반수가 교회의 가르침에 따르지 않았고 낙태에 대해서는 3분의 1에 해당하는 사람들 싱글의 42퍼센트이 성경적 관점과 달랐다.

어느 무명 그리스도인의 글이다.

너는 나를 부른다
Ye call me

나를 주님이라 부르면서 순종하지 않고,
Ye call me master and obey me not

나를 빛이라 부르면서 나를 보지 않고,
Ye call me light and see me not

나를 길이라 부르면서 나를 따르지 않고,
Ye call me way and follow me not

나를 생명이라 부르면서 나를 원하지 않고,
Ye call me life and desire me not

나를 지혜라 부르면서 나를 인정하지 않고,
Ye call me wise and acknowledge me not

나를 공정이라 부르면서 나를 사랑하지 않고,
Ye call me fair and love me not

나를 부요라 부르면서 나에게 구하지 않고,
Ye call me rich and ask me not

나를 영원이라 부르면서 나를 추구하지 않고,
Ye call me eternal and seek me not

나를 은혜라고 부르면서 나를 신뢰하지 않고,
Ye call me gracious and trust me not

나를 높다고 하면서 나를 섬기지 않고,
Ye call me noble and serve me not

> 나를 능력이라 부르면서 나를 높이지 않고,
> Ye call me mighty and honor me not
> 나를 의롭다고 하면서 나를 두려워하지 않는다,
> Ye call me just and fear me not
> 내가 너를 정죄하더라도 나를 비난하지 말아라.
> If I condemn you, blame me not

2. 종 됨을 고백하는 삶, 즉 자기를 부인하는 삶

■ 갈라디아서 5:1, 13

■ 마태복음 16:24

3. 사도 바울과 같이 두 주인 사이에서 바른 길을 선택한 훌륭한 신앙인의 삶

초대 교회의 위대한 교부였던 어거스틴 St. Augustine 의 이야기이다.

어거스틴은 본래 젊고 명석한 젊은이로서 수사학에 뛰어나 20대에 벌써 수사학 교수가 되었다. 하지만 내면적으로는 갈등 속에서 방황하며 방탕한 생활에 빠져 있었다. 이렇게 살아가던 어거스틴이 주님을 만나서 옛 생활을 떨쳐 버리고 완전히 새로운 삶을 살게 된다.

어거스틴이 회심한 직후에 밀라노 거리를 걷고 있었다. 그때 전부터 가까이 지내던 거리의 여자가 어거스틴을 불렀다. 하지만 어거스틴은 대답을 하지 않았다. 그 여자는 계속해서 "어거스틴, 나야 나."라고 불렀다. 하지만 그는 대답하지 않았다. 그 부름은 이전 같으면 거부할 수 없는 부름이었지만, 이제 그는 자신에게 주어진 예수 그리스도의 은혜를 생각하였다. 그리고 스스로 말하기를 "그래, 난 어거스틴이다. 하지만 더 이상 이전의 내가 아니다."Yes, but it is no longer 그는 새로운 피조물로서의 자신, 새로운 주인을 모신 종 된 자신을 바르게 고백한 것이었다.

사도 바울의 고백과 어거스틴의 이야기를 조용히 묵상해 보면서 나에게 도전해 오는 갈등은 무엇인지, 주님은 무엇을 원하시는지, 선택의 주권을 주님께 맡기는 기도를 드리자.

오호라 나는 곤고한 사람이로다 이 사망의 몸에서 누가 나를 건져 내랴 우리 주 예수 그리스도로 말미암아 하나님께 감사하리로다 그런즉 내 자신이 마음으로는 하나님의 법을, 육신으로는 죄의 법을 섬기노라(로마서 7:24-25).

너희는 나를 불러 주여 주여 하면서도 어찌하여 나의 말하는 것을 행치 아니하느냐(누가복음 6:46).

1. 새로운 생명이 시작된 이후에 일어나는 갈등은 성화를 위한 건강한 것이다.

2. 이러한 갈등은 우리들 속에 존재하는 두 주인 사이에서 일어난다.

3. 갈등이 축복이 되고 성화의 과정이 되기 위해서는 입술로만이 아니라 삶으로 주님의 주되심을 고백하여야 한다.

성화의 삶
Sanctified Life

2. 유혹을 이기는 삶

: Living and overcoming temptation

유혹은 누구에게나 있다. 주님도 우리들과 같이 유혹을 받으셨다.
유혹 자체가 문제가 아니라 유혹에 넘어가는 것이 죄다.
주님께서 유혹을 이기도록 능히 우리들을 도우신다.

1과를 통해 거듭난 이후 두 주인 사이에서 갈등을 겪게 되는 것이 자연스런 그리스도인의 성장 과정임을 살펴보았다. 성경은 종종 이러한 신앙인들의 갈등과 그 극복을 영적인 싸움으로 소개하고 있다. 즉 우리들이 겪는 갈등에는 표면적인 이유 그 배후에 그리스도의 영과 악한 영, 곧 하나님의 역사와 사단의 역사가 있다는 것을 말해 준다. 참된 성화를 위해서는 이러한 싸움에서 승리하여야 하며, 승리를 위해서는 싸움의 대상에 대해서도 잘 알고 있어야 한다.

유혹과 시험
Temptation vs. Test

시험이라는 표현 속에는 최소한 두 가지 서로 다른 의미가 담겨 있다. 첫째는 유혹 Temptation 의 의미요, 둘째는 시험 Test 의 의미이다. 우리가 어느 것이 시험이고 어느 것이 유혹인지 정확하게 판단하는 것은 쉽지 않다. 하지만 그 근본 속성을 볼 때에 이렇게 구별할 수 있다. 유혹은 사단이 주는 것으로 우리들로 하여금 넘어지게 하고 하나님의 뜻에서 멀어지게 하는 것이다. 반면 시험은 하나님이 주시는 것으로 우리들로 하여금 성장하게 하고 더욱 더 하나님의 뜻을 이루게 하는 과정이다.

〈제자도〉Discipleship 라는 잡지에서 발표한 내용을 보면 오늘날 우리들에게 다가오는 유혹으로는 주로 다음의 영역들이 있다고 한다.

- 물질주의 Materialism
- 교만 Pride
- 자기중심성 Self-centeredness
- 게으름 Laziness
- 분노와 원통함 Anger/Bitterness
- 성적인 욕망 Sexual lust

- 시기 Envy
- 탐식 Gluttony
- 거짓말 Lying

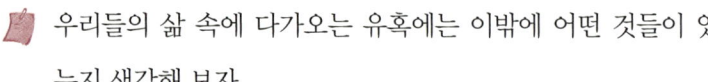 우리들의 삶 속에 다가오는 유혹에는 이밖에 어떤 것들이 있는지 생각해 보자.

_____

_____

사단이 우리를 유혹하는 수단은 마치 낚시나 사냥에서 사용하는 미끼와 같다. 미끼는 언제나 매력적인 것을 사용한다는 사실을 잊지 말아야 한다. 내가 좋아하는 것, 내가 원하는 것 등이 좋은 미끼로 사용될 수 있다. 중요한 것은 그 미끼의 배후를 보지 못한다면 그 미끼와는 비교되지 않는 세력에 붙잡히게 된다. 물론 그 미끼의 배후를 볼 수 있다면 절대로 그 유혹에 넘어가지 않는다.

에스키모는 늑대를 잡을 때, 다음과 같은 미끼를 사용한다고 한다.

> 에스키모는 날카로운 칼에 동물의 피를 바르고 얼린 뒤 또 피를 발라 칼이 전혀 보이지 않을 때까지 두툼하게 피를 얼려 둔다. 이 위장된 칼의 손잡이를 바닥에 박아 칼날이 위로 가게 세워 놓

는다. 늑대는 피 냄새를 따라와 그 칼을 핥는다. 피 맛에 취한 늑대는 칼에 묻은 피를 다 핥고 이제는 날카로운 칼에 자기의 혀가 베이는 줄도 모르고 그 피를 즐긴다. 결국 늑대는 과다 출혈로 쓰러진다.

유혹에 관한 성서적 진리

Biblical perspective on temptation

- 유혹은 누구에게나 있다.
- 주님도 우리들과 같이 유혹을 받으셨다. 그러나 죄는 없으셨다. 히브리서 4:15
- 유혹 자체가 문제가 아니라 유혹에 넘어가는 것이 죄다.
- 하나님은 우리를 유혹하지 않으신다. 야고보서 1:13
- 다음과 같은 것에 우리들의 마음이 빼앗길 때에 우리들은 유혹에 넘어간다.
    ① 자기 욕심 야고보서 1:13-15
    ② 돈을 사랑함 디모데전서 6:9-10
    ③ 자신을 돌아보지 않음 갈라디아서 6:1
    ④ 육신의 정욕, 안목의 정욕, 이생의 자랑 요한일서 2:16
- 주님께서 유혹을 이기도록 능히 우리들을 도우신다. 히브리서 4:15-16

주님께서 가르쳐 주신 기도 중 마태복음 6장 13절을 함께 읽어 보자.

"우리를 시험에 들게 하지 마옵시고 다만 악에서 구하옵소서 나라와 권세와 영광이 아버지께 영원히 있사옵니다 아멘."

📝 에베소서 6장 12-13절에서는 우리들의 싸움에 대하여 무슨 말씀을 해 주고 있는가?

_____
_____

📝 우리들의 씨름은 누구에게 대한 것인가?

_____
_____

📝 승리의 비결은 무엇이며 왜인가?

_____
_____

1. 첫 사람 아담과 하와에게 다가온 사단의 유혹

📒 창세기 3장 1-14절의 말씀을 읽고 사단의 유혹이 어떻게 이루어지는지를 이야기해 보자.

_____

_____

2. 예수님에게 다가온 사단의 유혹

📒 마태복음 4장 1-11절을 읽고 사단이 예수님에게 어떻게 나아왔는지를 이야기해 보자.

_____

_____

3. 사단의 유혹에 대한 우리들의 책임

야고보서 1장 13-18절을 읽고 다음 질문에 답해 보자.

📝 유혹에 빠질 때 어떤 핑계를 대기 쉬운가?

_____
_____

📝 나는 어떤 점에 대하여 속지 말아야 하는가?

_____
_____

마르틴 루터가 이런 말을 하였다. 그 의미가 무엇인지 이야기해 보자.

"날아가는 새가 머리에 똥을 싼 것은 막을 길이 없다. 하지만 새가 머리에 둥지를 틀게 하는 것은 핑계댈 수가 없다."

유혹에서 승리하는 길
Ways to overcome temptation

예수께서 승리하신 모습 속에서 유혹을 이기는 비결을 배울 수 있다. 예수께서 승리하신 비결이 어디에 있다고 생각하는가? 그리

고 나의 삶에 어떻게 적용할 수 있을까? 마태복음 4:1-11

_____

_____

한 아이가 참외밭 원두막 근처에서 서성이고 있었다. 주인아저씨가 이를 보고 아이에게 물었다.

"얘야, 너 거기서 무엇 하고 있니? 너 참외 훔쳐 가려고 애쓰고 있는 거지?"

"아니요. 훔쳐 가지 않으려고 애쓰고 있어요."

비슷한 갈등처럼 보이나 훔쳐 가려고 애쓰는 것과 훔쳐 가지 않으려고 애쓰는 것에는 큰 차이가 있다. 유혹은 있지만 유혹을 이기려고 애쓰는 것이 바른 자세요, 특별히 주님을 믿는 자녀들에게는 마땅한 일이다.

예수께서 대답하여 가라사대 기록되었으되 사람이 떡으로만 살 것이 아니요 하나님의 입으로 나오는 모든 말씀으로 살 것이라 하였느니라(마태복음 4:4).

우리의 씨름은 혈과 육에 대한 것이 아니요 정사와 권세와 이 어두움의 세상 주관자들과 하늘에 있는 악의 영들에게 대함이라 그러므로 하나님의 전신갑주를 취하라 이는 악한 날에 너희가 능히 대적하고 모든 일을 행한 후에 서기 위함이라(에베소서 6:12-13).

1. 유혹은 그 배후에 사단의 역사가 있으며 따라서 영적인 문제이다.

2. 유혹은 나에게 가장 매력적으로 다가오나 그 결론은 큰 파멸이다.

3. 유혹에서 승리하는 길은 주님께서 보여 주신 대로 말씀과 기도이다.

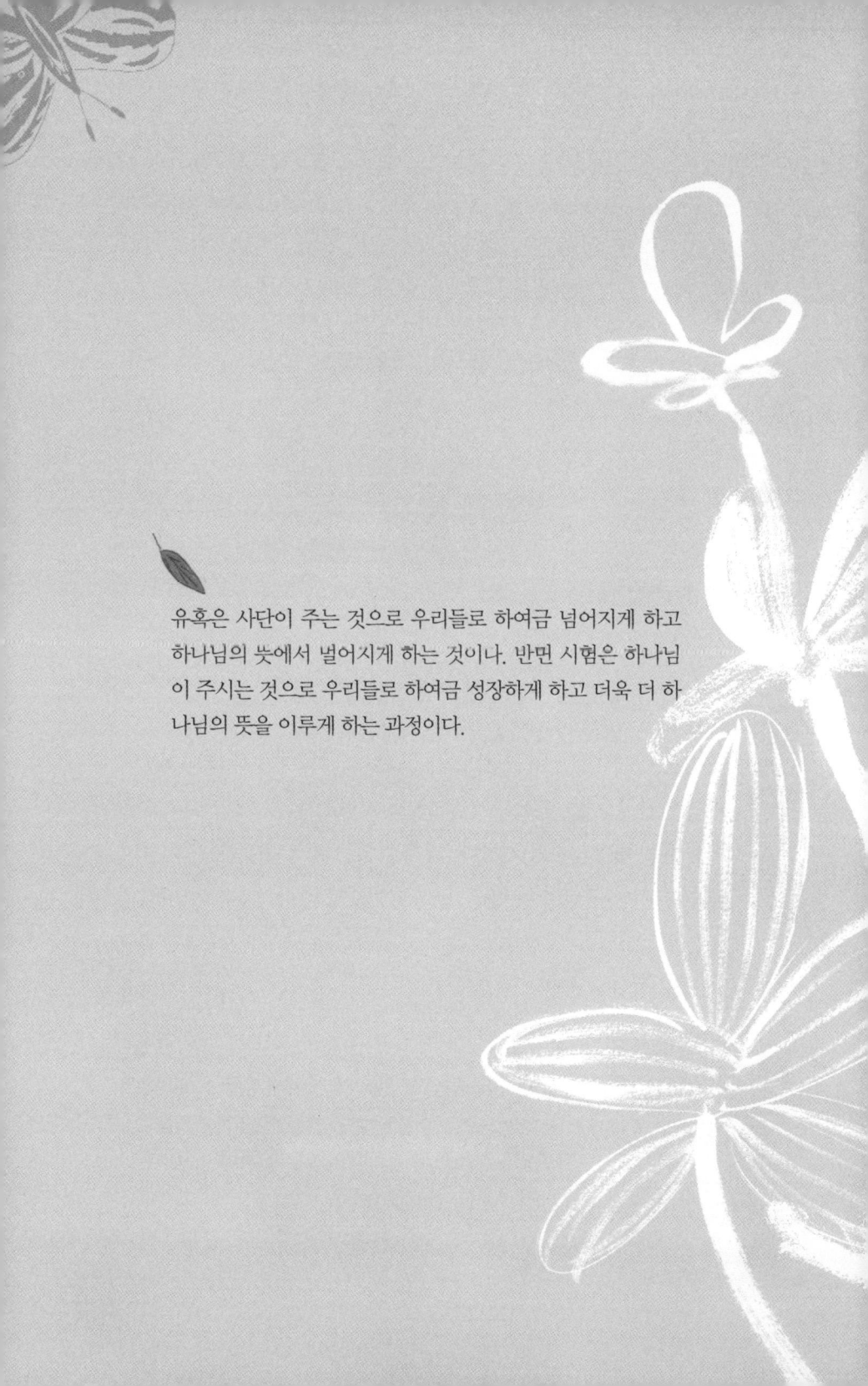

유혹은 사단이 주는 것으로 우리들로 하여금 넘어지게 하고 하나님의 뜻에서 벌어지게 하는 것이나. 반면 시험은 하나님이 주시는 것으로 우리들로 하여금 성장하게 하고 더욱 더 하나님의 뜻을 이루게 하는 과정이다.

성화의 삶
Sanctified Life

3. 기도는 영혼의 호흡

: Prayer is the breathing of the spiritual life

보다 성숙한 기도 생활을 위하여 우리들이 잊지 말아야 할 것은, 기도가 우리들이 원하는 것을 받는 것이기보다는 오히려 하나님이 원하시는 것을 받고 이루는 것이라는 사실이다.

기도는 한마디로 영혼의 호흡이다. 모든 생명체가 호흡에 의지하여 살아가고 있는 것처럼 거듭난 신앙인은 기도를 통하여 그 생명력을 유지하고 자라가야 한다. 기도가 없는 영적 생활은 결코 생명력 있는 신앙이 될 수가 없다. 반대로 기도가 살아 있는 신앙생활은 생명력이 넘친다. 운동을 할 때 평소보다 더 많은 산소가 공급되어야 하는 것처럼 건강한 믿음 생활에는 반드시 기도가 뒷받침되어야 한다. 기도는 영혼의 호흡으로서 영적 생활에 절대적으로 중요한 요소이다. 호흡이 끊어지면 죽는다. 기도가 끊이지 않도록 늘 힘써야 한다.

에베소서 6장 18절에 나타난 기도의 요소는 다음과 같다.

- 모든 기도와 간구로
- 무시로 항상
- 성령 안에서
- 깨어 구하기를 항상 힘쓰며
- 여러 성도를 위하여 구하고

기도란?
What is prayer?

기도는 하나님께 구하는 것인 동시에 하나님으로부터 받는 것이다. 요한복음 15장 7절은 이렇게 말씀한다.

"너희가 내 안에 거하고 내 말이 너희 안에 거하면 무엇이든지 원하는 대로 구하라 그리하면 이루리라."

📝 우리들이 하나님으로부터 받지 못하는 이유는 무엇인가? 야고보서 4:2-3

_____

_____

1. 기도는 하나님과의 대화이다

기도를 바르게 이해하기 위한 전제 조건은 무엇보다 우리들의 기도가 하나님과의 대화라는 사실이다. 이 점이 다른 유사 종교 행위와의 차이이기도 하다. 인격적인 하나님 앞에 나아가서 대화하는 것이 기도의 가장 큰 축복 중 하나이다. 기도는 하나님과의 관계를 거래 관계가 아니라 사랑의 관계, 만남의 관계가 되게 한다.

다음 이야기를 통하여 하나님과의 대화인 기도의 의미를 생각해 보자.

> 어느 부자 아빠가 있었다. 이 아빠는 아들에게 1년에 정한 액수의 용돈을 주기로 약속하였다. 약속대로 아빠는 연초에 아들에게 1년 치 용돈을 다 주었다. 그러자 아들은 그 이후에 아빠에게 잘 오지 않았고 아빠와 아들 사이는 점점 멀어져 갔다. 아빠는 계획을 바꾸어 일주일마다 용돈을 주기로 하였다. 아빠는 아들을 자주 만날 수 있어서 기뻤고, 아들과의 관계가 회복되고 깊어져 만족했다. 하나님과 우리들의 관계도 이와 비슷하다. 우리들이 하나님 앞에 나아가 기도할 때 그 무엇보다 중요한 요소는 우리들을 사랑하시는 주님과의 만남에 있다.

다음 성경 구절에서는 기도하는 우리들과 하나님의 관계를, 그리고 바른 자세를 어떻게 설명하고 있는가?

- 마태복음 6:7-8

- 마태복음 7:9-11

2. 기도는 능력의 통로이다

초대 교인들은 기도하면서 큰 능력을 얻었으며 성령의 역사를 체험하였다. 스코틀랜드의 매리 여왕 Mary, Queen of Scotland 은 "나는 만 명의 군대보다 존 녹스 John Knox 의 기도를 더 무서워한다"고 하였다. 왜냐하면 기도를 통하여 하나님의 능력이 나타나기 때문이다. 성경이 증언하는 기도의 능력을 몇 가지만 찾아보자.

- 마가복음 9:23, 29

- 마태복음 21:21-22

- 예레미야 29:12-13

인도 벵갈로에서 사역하는 한 선교사와 인도 여인 사이에 다음과 같은 일화가 전해진다.

> 인도 여인은 선교사에게 간곡하게 부탁할 것이 있다며 찾아왔다. 부탁인즉 자신을 위하여 기도하는 어떤 기독교인이 더 이상 기도하지 못하게 막아 달라는 것이었다. 선교사가 질문을 했다.
> "그 사람이 부인을 위해 기도하는 걸 어떻게 아십니까?"
> "저는 오랫동안 내가 믿는 신을 평안하게 섬겨 왔습니다. 하지만 그가 기도를 시작한 이후로 나의 신에게 예배하는 것이 잘 되지 않습니다. 또한 그가 나의 가족들을 위하여 기도한 이후로 내 아들과 두 딸이 기독교인이 되었습니다. 그가 계속 기도한다면 나까지도 기독교인이 될지 모릅니다. 누군가가 그의 기도를 멈추게 해야 합니다. 제발 기도를 멈추도록 도와주십시오."

3. 기도는 하나님의 뜻을 찾고 이루는 것이다

보다 성숙한 기도 생활을 위하여 우리들이 잊지 말아야 할 것은, 기도가 우리들이 원하는 것을 받는 것이기보다는 오히려 하나님이 원하시는 것을 받고 이루는 것이라는 사실이다. 윌리엄 바클레이 William Barclay는 "참된 기도는 하나님께서 원하시는 것을 하나님께 요청하는 것이다" True prayer is asking God for what He wants 라고 하였다.

📝 주님께서 가르쳐 주신 기도의 전반부에는 어떤 기도 내용이 있는가? 마태복음 6:10

_____

_____

4. 기도는 우리를 시험에 들지 않게 한다.

■ 누가복음 22:46

■ 마태복음 26:39

응답받는 바른 기도의 원리
Principle of prayer

성경에는 하나님이 원하시는 바른 기도에 대한 원리가 나와 있다.

■ 야고보서 4:2

- 요한복음 15:7

- 빌립보서 4:6

- 누가복음 18:1

- 마가복음 11:24

- 예레미야 29:12-13

- 에베소서 6:18

중보기도

Intercessory prayer

중보기도는 나, 너, 우리 모두에게 매우 중요하다. 다른 사람이나 공동체를 위한 기도는 우리들의 기도가 이기적이 되지 않게 한다. 중보기도는 다른 사람들을 위한 사랑의 행위이며, 또한 하나님께서 기쁘게 축복하시는 도구이다.

 출애굽기 17장 8-13절에서 중보기도가 어떻게 사용되었는지를 살펴보자.

우리 주님과 성령님도 중보기도의 모범이시다.

■ 로마서 8:26-27

■ 로마서 8:34

성경 곳곳에서 중보기도나 중보자의 역할을 통한 축복을 찾아볼 수 있다. 다음의 두 성경 이야기에서 중보의 역할이 어떻게 사용되며 왜 중요한지 이야기해 보자.

- 마태복음 8:5-13

- 마가복음 2:1-5

옛날 어느 시골 교회에서 있었던 일이다. 한 신실한 농부는 토요일 오후 2시경에 예배당에 들어가면 저녁까지 나오지 않았다고 한다. 도대체 무엇을 하는 것일까 궁금하게 여긴 사람들이 예배당 안을 들여다보았다. 그 농부는 예배당 의자 제일 앞부분부터 차례차례 옮겨 앉으면서 그 자리에 앉는 가정들을 위하여 기도하고 있었다. 옛날에는 자기 가족석이 있었다

이러한 교인들이 있는 교회는 진정 축복이다. 교회의 영적인 축복은 서로를 위하여 중보기도 하는 이들이 많아질 때 풍성하게 이루어진다.

말씀 암송

너희가 악한 자라도 좋은 것으로 자식에게 줄 줄 알거든 하물며 하늘에 계신 너희 아버지께서 구하는 자에게 좋은 것으로 주시지 않겠느냐(마태복음 7:11).

너희는 내게 부르짖으며 와서 내게 기도하면 내가 너희를 들을 것이요 너희가 전심으로 나를 찾고 찾으면 나를 만나리라(예레미야 29:12-13).

Key Point

1. 기도는 영혼의 호흡으로 생명력 있는 영적 생활을 위하여 절대적으로 중요하다.

2. 기도는 하나님과의 대화요 하나님의 뜻을 이루는 과정으로 인격적인 하나님이 중심이다.

3. 중보기도는 나 자신과 다른 사람 모두에게 중요한 것이다.

성화의 삶
Sanctified Life

4. 영의 양식인 하나님의 말씀

: God's word is our spiritual food

내가 성경을 교과서처럼 열심히 읽었다면 그 다음엔 성경이 나를 교과서처럼 읽도록 해야 한다. 왜냐하면 하나님의 말씀은 우리들에게 연구하라고 주신 것이 아니라 하나님께서 우리들에게 말씀하시는 계시이기 때문이다.

생명에게는 삶에 대한 강한 욕구가 있다. 이것이 생명력이다. 영적인 생명도 마찬가지이다. 거듭남으로 말미암아 우리 속에 그리스도의 생명이 시작되면 새 생명을 향한 욕구가 일어난다. 이 욕구를 잘 채워 줄 때에 영적으로 건강하게 성장할 수 있다. 이것이 성화의 과정이고, 이를 위하여 가장 기본적으로 필요한 두 가지가 기도와 말씀이다.

기도가 영혼의 호흡이라면 말씀은 영혼의 양식이다. 이 두 가지는 그리스도인의 건강한 영적 생활을 위하여 절대적으로 중요한 요소이다. 우리는 이 두 가지를 통하여 거룩에 이르게 된다.

"하나님의 지으신 모든 것이 선하매 감사함으로 받으면 버릴 것이 없나니 하나님의 말씀과 기도로 거룩하여짐이니라." 디모데전서 4:4-5

4과에서는 말씀에 대하여 상고하고자 한다. 하나님의 말씀 없이는 건강한 영적 생활이 불가능함을 알게 될 것이다.

하나님의 말씀은?
What is God's word?

1. 말씀은 신령한 젖이다

- 베드로전서 2:1-2

2. 말씀은 하나님의 영감으로 된 계시이다

- 베드로후서 1:21

- 디모데후서 3:15-17

3. 말씀은 나를 비추어 주는 거울이다

■ 야고보서 1:22-25

4. 말씀은 변함없는 진리요 절대적인 진리이다

나침반 방향이 어디에서나 변함이 없는 것처럼 하나님의 말씀은 시대를 초월하여 절대적인 진리를 가리키고 있다. 그러므로 급변하는 세상 속에서도 우리들은 안전하게 길을 찾아갈 수 있다.

■ 베드로전서 1:23-25

5. 말씀은 인생길의 바른 안내자이다

■ 시편 119:105

■ 잠언 3:1-4

6. 말씀은 성도들을 온전케 하고 성화에 이르게 한다

- 디모데후서 3:16-17

- 히브리서 4:12-13

- 시편 119:9

7. 말씀은 영적 싸움의 결정적인 승리 무기이다

- 에베소서 6:17

여러 가지 하나님의 전신갑주들 가운데 유일한 공격 무기는 말씀이다. 예수께서 광야에서 시험을 받으실 때 승리하신 도구가 말씀이었음을 기억하자.

- 마태복음 4:4(신명기 8:3 참조)

말씀은 인생길에서 절대 필요한 것이다. 말씀의 중요성을 아는 사람의 일화를 보라.

> 아프리카의 유명한 선교사였던 리빙스턴 David Livingston은 아프리카에 들어갈 때 73권의 책을 세 덩이로 묶어서 가지고 갔다. 그 무게가 총 180파운드 약 80킬로그램였다. 300마일 약 480킬로미터의 거리를 여행하고 나자 무거운 짐 때문에 모두가 지쳐 버렸다. 짐을 줄이기 위해 책의 일부를 버릴 수밖에 없었다. 여행이 계속될수록 책은 점점 줄어들었다. 결국 리빙스턴은 모든 책들을 다 버리고 오직 한 권, 성경책만 남겨 두었다.

 지금까지 말씀의 역할에 대하여 살펴보았다. 내가 경험한 말씀의 역사하심이 있다면 함께 나누어 보자.

_____

_____

마음 밭의 중요성

Attitude of the heart is important

말씀은 그 자체로 능력과 지혜가 충만하지만, 마음 밭에 따라서 그 열매가 달라진다는 사실을 잊지 말아야 한다. 예수님의 비유를 통하여 말씀을 받아들이는 내 마음 밭이 얼마나 중요한지 생각해 보자.

📕 마태복음 13장 3-9, 18-23절을 읽고 몇 가지의 마음 밭이 있는지, 또 나의 마음 밭은 어떠한 상태에 있는지 이야기해 보자.

_____
_____

말씀이 나의 마음 밭에서 열매 맺게 하기 위해서는 다음과 같은 훈련이 되야 한다.

- 말씀을 읽거나 들어야 한다.
- 말씀을 배우고 공부해야 한다.
- 말씀을 나에게 주시는 말씀으로 묵상하고 적용해야 한다.
- 말씀에 순종해야 한다.

📕 나는 위의 단계들 중 어느 단계에 주로 머무는지를 생각해 보자.

_____
_____

인격적인 관계에서 발생하는 복된 교류는 일방적이 아니라 언제나 상호적이다. 하나님의 말씀과 우리들의 관계에서도 인격적인 교류가 일어나야 한다. 대화가 오고가야 복된 열매가 나타난다. 일반적으로 성경을 교과서처럼 열심히 읽고 연구하는 사람이 성경을 잘 안다고 생각하기 쉽다. 하지만 이것은 온전한 태도가 아니다. 내가 성경을 교과서처럼 열심히 읽었다면 그 다음엔 성경이 나를 교과서처럼 읽도록 해야 한다. 왜냐하면 하나님의 말씀은 우리들에게 연구하라고 주신 것이 아니라 하나님께서 우리들에게 말씀하시는 계시이기 때문이다.

반석 위에 세운 집
House built upon the rock

마태복음 5-7장은 산상수훈으로 예수님의 매우 중요한 설교 내용을 담고 있다. 이 귀한 설교 제일 마지막 부분은 반석 위에 세운 집과 모래 위에 세운 집에 대한 비유로 끝이 난다.

> 마태복음 7장 24-27절의 말씀을 읽고 왜 예수께서 이 비유를 제일 마지막에 하셨는지, 그리고 지혜로운 자와 어리석은 자의 구분이 무엇에 따라 결정되는지를 이야기해 보자.

📝 내 삶 속에 말씀을 통한 열매가 맺혀지기 위하여 말씀을 어떻게 대하기를 원하는지 그 계획도 함께 나누어 보자.

_____

_____

미국 교회사에서 매우 유명한 목사였던 필립 브룩스 Phillip Brooks 는 이런 말을 하였다.

> 성경은 망원경과 같다. 망원경으로 세상을 바라보면 평소에 볼 수 없었던 그 이상의 세상을 볼 수 있다. 하지만 망원경 자체만 쳐다보면 아무것도 볼 수 없다. 성경은 바로 말씀을 통하여 그 이상의 것을 보게 하는 것이다. 하지만 많은 사람들은 성경 자체만을 보고 있다. 그들은 죽은 글자만 보고 있는 것이다.

갓난 아이같이 순전하고 신령한 젖을 사모하라 이는 이로 말미암아 너희로 구원에 이르도록 자라게 하려 함이라(베드로전서 2:2).

좋은 땅에 뿌리웠다는 것은 말씀을 듣고 깨닫는 자니 결실하여 혹 백 배, 혹 육십 배, 혹 삼십 배가 되느니라 하시더라(마태복음 13:23).

1. 하나님의 말씀은 영의 양식으로서, 거듭난 신자들의 성장을 위하여 절대적으로 중요하다.

2. 하나님의 말씀은 씨앗과 같아서 마음 밭의 상태에 따라 열매가 달라진다.

3. 하나님의 말씀은 지식을 위하여 필요한 것이 아니라 순종을 통한 삶의 변화를 위하여 필요하다.

말씀은 그 자체로 능력과 지혜가 충만하지만, 마음 밭에 따라서 그 열매가 달라진다는 사실을 잊지 말아야 한다.

성화의 삶
Sanctified Life

5. 한 지체로서의 교제

: Fellowship as one body

교제는 그리스도인이라면 초신자나 오래된 신자 모두에게 절대적으로 중요한 요소이다. 초대교회는 신앙생활에 엄청난 박해를 받았지만 교인들 간의 교제로 이러한 어려움을 극복할 수 있었다.

우리들이 예수님을 구주로 고백하는 순간부터 우리들은 그리스도의 지체라는 교회의 일원이 된다. 즉 새로운 교제가 시작되는 것이다. 이렇게 시작되는 그리스도인의 교제는 우리들을 믿음 안에서 성장케 하는 매우 중요한 요소이다. 먼저 시편 133편을 함께 읽어 보자.

"형제가 연합하여 동거함이 어찌 그리 선하고 아름다운고 머리에 있는 보배로운 기름이 수염 곧 아론의 수염에 흘러서 그 옷깃까지 내림 같고 헐몬의 이슬이 시온의 산들에 내림 같도다 거기서 여호와께서 복을 명하셨나니 곧 영생이로다."

📝 이 시편에 붙여진 제목은 '다윗의 시 곧 성전에 올라가는 노래'이다. 그렇다면 이 시편이 오늘날 교회에, 그리고 나의 신앙생활에 어떤 의미를 주고 있다고 생각하는가?

_____

_____

그리스도인에게 교제는 있으면 좋은 것이 아니라 절대적으로 있어야 하는 중요한 요소이다. 통계에 의하면 다음 세 가지 요소가 있으면 90퍼센트의 사람들이 교회에 정착하게 된다고 한다.

- 그들이 믿는 신앙을 바르게 표현하는 곳
- 소그룹에 소속될 때
- 4-8명의 가까운 사람들이 있을 때

이 통계에서 보는 바와 같이 교제는 그리스도인이라면 초신자나 오래된 신자 모두에게 절대적으로 중요한 요소이다. 초대교회는 신앙생활에 엄청난 박해를 받았지만 교인들 간의 교제로 이러한 어려움을 극복할 수 있었다.

초대교회의 교제

Fellowship in the early church

 사도행전 2장 42-47절을 읽고 초대교회에서는 어떻게 교제하였는지 그 요소들을 살펴보자.

___

___

초대교회의 교제에는 많은 요소들이 담겨 있다. 이것을 크게 두 가지로 요약해 본다면, 수직적 요소 Vertical dimension 와 수평적 요소 Horizontal dimension 로 나눌 수 있다. 즉 하나님과의 교제와 이웃과의 교제인 셈이다.

 이 두 가지 요소가 균형을 잃어버리는 경우는 어떤 때인지, 그리고 그러한 경험을 한 적이 있다면 이야기해 보자.

- 수직적 요소를 잃어버렸을 때

- 수평적 요소를 잃어버렸을 때

📑 요한일서 1장 3절을 읽고 그리스도인들의 신앙적 교제와 세상적인 교제 사이의 차이점이 무엇인지 말해 보자.

_____

_____

> 어떤 사람이 정신병원의 병동을 방문하고 충격을 받았다. 심하게 정신질환을 앓고 있는 100여 명의 환자들이 있는 병동을 경비원 세 명이 지키고 있었기 때문이다. 한 경비원에게 물었다.
> "당신은 이 사람들이 힘을 모아 경비원들을 해치거나 경비를 뚫고 탈출할 수 있다는 사실이 두렵지 않습니까?"
> "걱정 마십시오. 정신질환자는 힘을 모으지 못합니다."

초대교회가 로마제국이라는 엄청난 세력의 박해에도 무너지지 않고 오히려 로마제국을 그리스도의 사랑으로 점령할 수 있었던 원동력 중 하나가 더불어 함께하는 교제에 있었다. 더불어 함께함이 성숙함이다.

교제가 중요한 이유들
Importance of fellowship

에베소서 4장 11-16절은 한 지체로 연결되어 서로 도우며 자라가고 사랑 안에서 세워 가는 교회의 모습을 보여 주고 있다. 어떻게 그것이 가능한지 그 이유를 생각해 보자.

- 교회는 그리스도의 몸이므로 지체로 서로 연결되어 있지 않으면 곧 죽기 때문이다.
- 서로를 온전케 하기 때문이다. 12절
- 서로를 그리스도의 장성한 분량에 이르기까지 자라게 하기 때문이다. 13절
- 잘못된 풍조나 잘못된 신앙으로부터 지켜 주기 때문이다. 14절

남아메리카의 한 고아원에서 나타난 현상은 인간의 만남과 접촉이 얼마나 중요한지를 잘 보여 주고 있다.

> 3개월부터 세 살에 이르는 어린 아기 97명을 수용하고 있던 고아원이 기금 부족으로 최소한의 직원들만을 고용하게 되었다. 자연히 기저귀를 갈아 주고 먹이고 목욕시키는 기본적인 일들밖에는 할 수가 없었다. 아기들을 안아 주거나 놀아 주거나 이야기해 주지를 못한 것이다. 이렇게 3개월이 지나자 아기들이 식욕을 잃거나 잠을 자지 못하는 등의 비정상적인 현상이 나타나고, 5개월이 지나자 얼굴이 일그러지고 의사나 간호사가 안아 줄 때 공포로 자지러지게 우는 현상이 나타났다. 1년 만에 거의 3분의 1인 27명의 아기가 세상을 떠났고, 세월이 지나면서 결국은 이들 중 오로지 21명만이 살아남았다. 이들은 음식이나 의학적 도움의 부족 때문이 아니라 사랑과 관심의 결여로 죽은 것이었다.

요한복음 20장 19-29절을 읽자. 예수께서 부활하신 이후 제자들의 모습과 도마의 모습, 그리고 예수님의 말씀을 통하여 교제의 의미를 생각해 보자. 다음 질문을 통하여 무엇을 배울 수 있는지 생각해 보자.

📝 주님께서 제자들이 모인 곳에 나타나셔서 하신 말씀은 무엇인가? 19절

_____
_____

5. 한 지체로서의 교제 • **63**

📝 왜 도마는 혼자 불신하면서 남아 있었나? 25절

_____
_____

📝 의심하는 도마를 주님께서 어떠한 자리에서 만나 주셨나? 27절

_____
_____

📝 두려워하고 있는 제자들에게 어떠한 사명과 약속을 주셨나?
　　21-23절

_____
_____

📝 마지막이 가까워 올 때 신앙의 자세는 무엇이며 그 이유는 무엇인가? 히브리서 10:25

_____
_____

신앙인의 삶에서 참여와 교제가 얼마나 중요한가? 또한 나의 교제 생활에서 새로워져야 할 부분이 있다면 무엇인가?

___

___

> **말씀 암송**
>
> 형제가 연합하여 동거함이 어찌 그리 선하고 아름다운고(시편 133:1).
>
> 모이기를 폐하는 어떤 사람들의 습관과 같이 하지 말고 오직 권하여 그 날이 가까움을 볼수록 더욱 그리하자(히브리서 10:25).

> **Key Point**
>
> 1. 그리스도인의 교제는 교회만을 위해서가 아니라 나에게도 절대적으로 중요하다.
>
> 2. 그리스도인의 교제는 수직적 요소와 수평적 요소를 함께 포함하고 있다.
>
> 3. 마지막이 가까워 올수록 모이기를 힘써야 한다.

성화의 삶
Sanctified Life

6. 잃어버린 영혼을 찾아서
: Searching for those who are lost

그리스도인다운 모습으로 성장해 간다는 것은 곧 우리들 속에서 잃어버린 영혼에 대한 열정과 책임감이 자라간다는 것을 의미한다. 주님께서 그토록 한 영혼의 구원을 중요하게 여기신다면, 그리고 영혼을 구원하는 것이 교회의 변함없는 가장 중요한 사명이라면 우리들은, 아니 나는 어떻게 할 것인가?

주님께서는 첫 제자들을 '사람 낚는 어부'로 부르셨다. 마태복음 4:18-19 마찬가지로 그리스도인인 우리들 모두를 '사람 낚는 어부'로 부르셨다. 사람을 낚는 전도의 사명은 너무 중요한 것이기에 '때를 얻든지 못 얻든지' 힘쓰라고 말씀하고 계신다. 디모데후서 4:2 이 명령에 순종하는 이들에 의하여 구원의 역사는 오늘도 계속되고 있다.

부활하고 승천하시기 직전 주님께서 제자들에게 남기신 명령이 무엇이었나? 사도행전 1장 8절을 읽으라.

"오직 성령이 너희에게 임하시면 너희가 권능을 받고 예루살렘과 온 유대와 사마리아와 땅 끝까지 이르러 내 증인이 되리라 하시니라."

초대교회의 모습
Looking at the early church

초대교회는 로마제국 하에서 말할 수 없는 박해를 받았다. 카타콤이라는 지하 무덤에서 모일 수밖에 없는 어려움 가운데서도 영혼 구원의 사명을 꾸준히 이루어 감으로 말미암아 결국은 로마제국을 기독교화 시켰다. 복음 전파가 쉬운 것은 아니지만 늘 최선을 다해야 한다는 좋은 모범이다. 주님의 명령에 신실하게 순종한 초대교회를 통하여 하나님께서는 놀라운 역사를 이루셨다.

교회의 본질과 우리들의 모습
How church should be, and how we are now

> 1985년도에 미국 뉴올리언스의 어느 시립 수영장에서 축하 행사가 열렸다. 그 해에 그 수영장에서 아무도 익사하지 아니했기에 이를 자축하는 모임이었다. 이 행사를 위하여 200여 명이 참석하였고 그 중의 100명은 공인 구조원들 Certified lifeguards 이었다. 축하 행사는 잘 마무리되었다. 네 명의 구조원들이 수영장을 청소하던 중에 한 사람이 옷을 입은 채 수영장 밑에 가라앉아 있는 것을 발견하였다. 익사한 이는 서른한 살의 제롬 무디 Jerome

> Moody 라는 남자였는데, 동료들은 그를 살려 내려고 온 힘을 기울였으나 결국 실패하고 말았다. 이미 때가 늦은 것이다. 구조원들이 자신들의 성공을 축하하는 자리에서 그가 익사한 것이다.

위의 이야기는 영혼 구원의 사명을 받은 오늘날 교회와 우리들의 모습을 조명해 준다. 주님의 뜻과 우리들의 모습 사이에는 어떠한 모순이 존재하는가? 영혼 구원의 사명에 대하여 나는, 우리는 어떻게 행하고 있는가? 함께 나누어 보자.

구원의 중요성과 주님의 뜻
Importance of Salvation and God's will

『새 생명의 삶』 제 1과에서 '우리들이 교회를 다니는 제일 중요한 이유'는 곧 구원을 얻기 위해서임을 살펴보았다. 한 영혼이라도 더 구원하는 것이 하나님의 뜻이다. 다음 성경 구절들을 읽으며 주님의 바람이 무엇인지를 찾아보자.

■ 고린도후서 6:2

■ 디모데전서 2:4

■ 베드로후서 3:8-9

잃은 양들을 향한 주님의 마음
God's heart towards those who are lost

누가복음 15장에는 잃은 것을 찾는 세 가지 비유가 소개되어 있다. 모두가 한 영혼이라도 구원하시려는 주님의 마음을 나타낸다. 제일 먼저 나오는 잃은 양의 비유를 통하여 주님의 마음과 우리들의 자세에 대하여 생각해 보고자 한다.

먼저 누가복음 15장 4-7절을 함께 읽자. 그리고 영혼 구원에 대한 중요한 다섯 가지 원칙을 함께 생각해 보자.

1. 잃은 양이 있음을 알아야 한다 영혼에 대한 감각

"그 중에 하나를 잃으면" - 양 100마리 중에 한 마리를 잃으면 그 사실을 잘 모를 수도 있지만 참 목자는 바로 안다.

2. 잃은 양에 대한 안타까움이 있어야 한다 영혼에 대한 열정

📝 이 이야기에는 '잃은'이라는 표현이 많이 나타난다. 6절에는 '나의 잃은 양'이라는 표현이 나온다. '잃었다'는 표현 속에 담긴 예수님의 마음은 무엇일까?

_____
_____

📝 "하나를 잃으면 아흔 아홉 마리를 들에 두고"라는 표현 속에서 목자의 어떤 심정을 읽을 수 있나?

_____
_____

3. 찾아 나서야 한다 영혼에 대한 노력

"그 잃은 것을 찾도록 찾아다니지 아니하느냐" – 잃은 양을 찾아 나서는 데에는 많은 희생과 수고가 동반된다. 하지만 중요한 것은 내가 나서야 한다는 것이다. 찾아 나서지 않을 때는 잃은 양을 절대 찾을 수 없다.

4. 다른 사람들과 함께 협력해야 한다 영혼 구원을 위한 팀워크

"아흔 아홉 마리를 들에 두고" – 이는 아흔 아홉 마리를 들에 그대로 버려두었다는 뜻이 아니다. 그렇게 했다면 더 많은 양들을 잃어버리는 무책임한 처사가 되었을 것이다. 당시에는 공동 목양을 많이 했기에 다른 목자들에게 맡겨 두고 양을 찾아 나섰다는 의미이다. 이것은 전도를 위한 협력을 의미한다.

5. 공동체의 기쁨이 중요하다 영혼을 중요시하는 공동체

"그 벗과 이웃을 불러 모으고 말하되 나와 함께 즐기자" – 선한 목자는 잃은 영혼을 찾았을 때에 벗과 이웃들과 함께 잔치를 벌이기를 원했다. 돌아온 한 마리 양도 공동체의 기쁨이 넘치는 환영을 받게 되고, 잔치에 참여한 벗과 이웃들도 목자의 마음을 배우게 되는 것이다. 벗은 이웃보다는 좀 더 목자에게 가깝고 목자의 마음을 더 이해하는 이들일 것이다. 하지만 목자는 모두가 함께 잔치에 참여하기를 원했다. 공동체가 영혼 구원에 대한 중요성과 그에 따른 감격을 배우기를 원했다. 공동체의 가장 중요한 사명이 영혼 구원임을 알게 하는 방법일 것이다.

📝 위의 내용들 가운데 내 마음속에 깨달음과 부딪침이 있는 것은 어떤 것들인지 이야기해 보자.

_____

_____

전도에 대한 통계는 지역이나 교단마다 약간의 차이는 있으나 일반적으로는 70-90퍼센트의 사람들이 친구나 친척 등 가까운 사람들에 의해 교회에 나오게 된다고 한다. 막연한 소문이나 특별한 필요가 있어서 스스로 교회에 나오고 예수님을 믿게 되는 경우들도 있지만, 가장 높은 비율은 역시 믿는 이들의 증거에 의한 것이다.

대단히 유명한 전도자요 목회자였던 월버 채프만^{Dr. J. Wilber Chapman} 목사는 신약성경에서 예수님에게 나아와서 병을 고침 받은 경우로 기록된 40명의 경우 중에 34명이 친구나 다른 사람들의 도움으로 예수님에게 나아왔으며, 오직 여섯 명만이 스스로 나왔음을 밝히고 있다. 그만큼 먼저 믿는 자들의 사명이 중요한 것이다.

나는, 그리고 우리는 어떻게 해야 할 것인가?
What should I do and what can we do together?

그리스도인다운 모습으로 성장해 간다는 것은 곧 우리들 속에서 잃어버린 영혼에 대한 열정과 책임감이 자라간다는 것을 의미한다. 주님께서 그토록 한 영혼의 구원을 중요하게 여기신다면, 초대교회가 그토록 어려운 여건 속에서 영혼 구원의 지상명령을 잘 감당했다면, 그리고 영혼을 구원하는 것이 교회의 변함없는 가장 중요한 사명이라면 우리들은, 아니 나는 어떻게 할 것인가? 우리들의 응답이 중요하다.

📝 누가복음 15장 7절에는 천국(하늘)에서 가장 기뻐하는 일이 무엇인지를 가르쳐 주고 있다. 그것이 무엇인가?

_____

_____

📝 잃어버린 영혼에 대한 구체적인 생각들과 결단, 그리고 방안들을 이야기해 보자.

_____

_____

오직 성령이 너희에게 임하시면 너희가 권능을 받고 예루살렘과 온 유대와 사마리아와 땅 끝까지 이르러 내 증인이 되리라 하시니라(사도행전 1:8).

내가 너희에게 이르노니 이와 같이 죄인 하나가 회개하면 하늘에서는 회개할 것 없는 의인 아흔 아홉을 인하여 기뻐하는 것보다 더하리라(누가복음 15:7).

1. 주님께서는 한 영혼이라도 더 구원하기를 원하신다.

2. 잃어버린 영혼에 대한 감각, 그들에 대한 열정, 잃은 영혼에 대한 노력, 영혼 구원을 위한 팀워크, 영혼을 중요시하는 개인과 공동체가 되어야 한다.

잃은 양을 찾아 나서는 데에는 많은 희생과 수고가 동반된다. 하지만 중요한 것은 내가 나서야 한다는 것이다. 찾아 나서지 않을 때는 잃은 양을 절대 찾을 수 없다.

성화의 삶
Sanctified Life

7. 섬김이 있는 생활

: Living a life of service

예배와 말씀 공부, 수련회와 훈련 등 받는 것은 많지만 섬기지 않을 때 영적으로 건강해질 수가 없다. 성숙한 그리스도인의 생활에는 반드시 봉사(섬김)가 있어야 한다.

그리스도인으로서 건강하게 성장하기 위하여, 또한 교회로서 건강하게 사역하기 위하여 절대적으로 필요한 부분이 봉사 생활 곧 섬김의 생활이다.

드와이트 무디 Dwight L. Moody 는 말하기를 "그 사람의 크기는 그가 얼마나 많은 종을 가지고 있느냐가 아니라 그가 얼마나 많은 사람을 섬기느냐이다" The measure of a man is not how many servants he has, but how many men he serves 라고 하였다. 분명한 사실이다. 건강한 그리스도인들이 남을 섬길 수 있고, 섬기는 이들은 더욱 더 건강해지는 것이다. 성화를 위하여 봉사 생활은 매우 중요한 부분이다.

건강한 생활을 위하여 봉사는 절대적으로 중요하다
Serving is a must in order to live a healthy life

사해 The Dead Sea 는 물속에 소금이 너무 많아 고기나 식물이 자라지 않는다. 그렇게 염분이 많은 근본 이유는, 사해에는 들어오는 물만 있고 흘러나가는 물이 없기 때문이다. 신앙생활도 마찬가지이다. 예배와 말씀 공부, 수련회와 훈련 등 받는 것은 많지만 섬기지 않을 때 영적으로 건강해질 수가 없다. 성숙한 그리스도인의 생활에는 반드시 봉사 섬김가 있어야 한다.

 지난날 나의 신앙생활을 돌아보면서 '봉사와 영적 건강노'의 상관관계에 대한 경험들을 나누어 보자.

_____

_____

교회의 직분은 모두가 섬김의 직분이다
Church leaders are all called to serve

성경은 여러 곳에서 '교회는 그리스도의 몸'이라고 표현하고 있다. 몸의 각 지체들이 각각 다른 모양, 다른 역할을 하지만 이 모든 지체들이 한 몸을 이루고 있을 뿐 아니라 각 지체들은 서로를 돕고 있다. 이렇게 온 몸은 서로 섬기면서 건강을 유지하고 있는 것이다. 우리들은 암을 두려워한다. 몸속에 종양이란 받아들이기만 하고 나누어 주지 않는 세포라고 할 수 있다. 만약 우리의 지체 가운데 서로 돕고 나누지 않고 차지하기만 하는 곳이 있다면 그것은 결국 몸을 죽게 만드는 부분이 될 것이다.

당뇨나 비만 등의 성인병은 결국 섭취하는 것에 비하여 에너지 사용이 적을 경우에 그 에너지가 몸에 축척됨으로써 생기는 질병이라고 할 수 있다. 개인적으로나 공동체적으로 받아들이는 것은 많은데 사용하는 것이 적다면 이러한 성인병적인 요소들이 생길 수 있는 것이다. 봉사는 개인과 교회의 영적 건강을 위하여 매우 중요하다.

■ 에베소서 4:11-12

■ 베드로전서 4:10

■ 갈라디아서 5:13

교회의 직분에 대해서도 종종 생기는 유혹이 있다. 그것은 높은 자리를 차지하려는 유혹이며, 직분을 섬김보다는 지배의 수단으로 이해하는 자세이다. 어떤 경우들이 있는지 찾아보자.

- 마태복음 20:20-28

- 사도행전 8:17-20

섬김의 모범이신 예수 그리스도
Jesus Christ as a servant

섬김의 모범은 우리 주 예수 그리스도이시다. 주님의 섬김의 비밀은 낮아짐에 있다. 하늘의 영광을 다 포기하고 성육신하여 십자가에 당신의 생명을 내어 놓기까지 우리 인간을 섬기셨기에 그 섬김의 열매로 많은 사람들이 구원을 얻게 된 것이다. 주님께서는 교회를 위하여 당신의 생명을 다 내어 놓는 철저한 섬김을 보여 주셨다. 다음 성경 구절을 통하여 예수님의 섬김의 자세와 모습에 대하여 생각해 보자.

■ 마태복음 20:26-28

■ 빌립보서 2:5-8

관계 속에서 그리스도가 중심이 될 때 참된 섬김도, 참된 하나 됨도 이루어진다.

세계적인 세 명의 테너 연주는 이미 매우 잘 알려져 있다. 호세 카레라스 Jose Carreras, 플라시도 도밍고 Placido Domingo, 그리고 얼마 전 타계한 루치아노 파바로티 Luciano Pavarotti가 그들이다. 한 기자가 그들 사이에 존재할 수 있는 경쟁심에 대하여 질문을 하였다. 그때 도밍고는 이렇게 대답하였다.

"온 마음을 오직 음악에만 집중하도록 노력해야 합니다. 서로 함께 음악을 만들어 갈 때엔 서로 경쟁자가 될 수 없습니다."

교회의 섬김도 꼭 마찬가지이다. 주님 중심이 될 때엔 결코 경쟁자가 될 수 없다. 요한복음 13장 3-15절을 읽고 다음 물음에 답해 보자.

📝 나라면 주님께서 내 발을 씻으려고 하실 때 어떻게 하였을까?

_____
_____

📝 베드로가 "내 발을 절대로 씻기지 못하시리이다" 8절라고 말한 것이 과연 잘못인가?

_____
_____

📝 베드로와 예수님의 생각에서 큰 차이점은 무엇인가?

_____
_____

참다운 섬김과 독선적인 섬김
Self-righteous service vs. True service

리챠드 포스터 Richard J. Foster는 영적 성장을 위한 제자훈련

Celebration of Discipline에서 참된 섬김과 잘못된 섬김을 잘 설명해 주고 있다. 다음의 구분을 비교하여 보며 그 의미를 깊이 생각해 보자.

독선적인 섬김 (Self-righteous Service)	참다운 섬김 (True Service)
인간의 노력에서 나온다.	거룩하신 분과의 관계에서 나온다.
항상 큰 사업에 관심을 가진다.	작은 일, 큰일을 구별할 줄 모른다.
외적인 보상을 요구한다.	숨겨진 채로 만족한다.
결과에 크게 관심을 가진다.	봉사 자체를 기뻐한다.
봉사할 대상을 고르고 뽑는다.	직분을 행하면서 차별하지 않는다.
기분과 변덕에 좌우된다.	봉사해야 하기에 단순하고 충성스럽게 한다.
일시적이다.	하나의 생활양식이다.
감수성이 결여되어 자기의 욕구가 더 중요하다.	자유롭게 봉사를 억제할 수도 있다.
결과적으로는 공동체를 파괴한다.	공동체를 건설한다.

📝 위의 도표 내용 중에서 참된 섬김에 관하여 중요하게 느껴지는 부분들을 서로 이야기해 보자.

_____

_____

현재 나의 봉사 생활에 있어서 새로워져야 할 부분이 있다면 어떤 부분일지 이야기해 보자.

___

___

너희 중에는 그렇지 아니하니 너희 중에 누구든지 크고자 하는 자는 너희를 섬기는 자가 되고 너희 중에 누구든지 으뜸이 되고자 하는 자는 너희 종이 되어야 하리라(마태복음 20:26-27).

각각 은사를 받은 대로 하나님의 각양 은혜를 맡은 선한 청지기같이 서로 봉사하라(베드로전서 4:10).

1. 개인적으로나 공동체적으로 건강한 영적 생활을 위하여 봉사는 절대적으로 중요하다.

2. 모든 교회의 직분은 섬김의 직이다.

3. 섬김의 모범은 우리 주 예수 그리스도이시다.

성화의 삶
Sanctified Life

8. 하나님께서 창조해 주신 가정
: God gave us our family

가정은 교회와 세상보다 앞서서 신앙을 전수하고 가르쳐야 하는 곳이다.
의의 백성들은 일차적으로 가정에서 키워지고 세워지는 것이다.
가정에서의 신앙 교육은 자녀들을 향하여, 민족이나 세상을 향하여
감당하여야 할 하나님의 거룩한 부르심이다.

가정은 하나님께서 세워 주신 축복의 터전일 뿐 아니라 사명의 터전이다. 그리스도인의 성장은 가정 안에서 이루어져야 하며 또한 가정에서의 사명으로 이어져야 한다.

가정은 하나님께서 창조하셨다
God created the family

하나님께서 가정을 직접 창조하셨다는 사실은 가정을 이해하는

데 있어서 매우 중요하다. 창세기 1장 26-28절이 하나님의 인간 창조를 어떻게 기록하고 있으며 그 속에 담긴 의미는 무엇인지 생각해 보자.

📝 인간과 가정을 창조하실 때에 보여 주신 하나님의 생각과 모습에서 무엇을 느끼는가? 26절

_____

_____

📝 인간에게 무엇을 주기 위하여 가정을 창조하셨나? 28절

_____

_____

📝 "친구는 내가 선택할 수 있지만 가족은 선택할 수 없다"는 말이 있다. 사실이다. 하나님께서 내 가정을 창조하셨고 나의 가족들을 허락해 주셨다는 사실을 알게 될 때 가정생활에 대하여 어떠한 자세를 가지게 되나?

_____

_____

📝 오늘 우리들의 가정에서 하나님의 창조와 축복의 역사는 계속되고 있다. 시편 127편 1절을 읽고 그 의미를 생각해 보자.

_____

_____

가정은 신앙인의 일차적 책임 영역
Family as a place of teaching spiritual responsibility

가정은 교회와 세상보다 앞서서 신앙을 전수하고 가르쳐야 하는 곳이다. 의의 백성들은 일차적으로 가정에서 키워지고 세워지는 것이다. 가정에서의 신앙 교육은 자녀들을 향하여, 민족이나 세상을 향하여 감당하여야 할 하나님의 거룩한 부르심이다.

📝 신명기 6장 4-9절에는 가정에서의 신앙 교육 책임이 어떻게 표현되어 있나?

_____

_____

가정의 중요성을 일깨워 주는 미국의 두 가정에 대한 연구가 있었다. 맥스 주크스 Max Jukes 는 뉴욕에 사는 자로서 믿음이 없는 자이며 범죄자였다. 1,026명의 그의 후손들은 다음과 같았다. 300명은 제 명대로 살지 못하고 일찍 죽었다. 100명은 평균 13년 동안 감옥에 있었다. 100명은 창녀로 일하였다. 100명은 알코올 중독에 걸렸다.

조나단 에드워드 Jonathan Edwards 는 목사요 부흥사요 총장이었다. 720명의 그의 후손들은 다음과 같이 살았다. 300명은 목사가 되었다. 65명은 교수가 되었다. 13명은 대학의 총장이 되었다. 60명은 책의 저자가 되었다. 3명은 하원의원이 되었고, 1명은 미국의 부통령이 되었다.

가정은 모든 섬김과 신앙을 위한 터전이다. 가정은 모든 사람들에게 축복의 터전일 뿐 아니라 영적 생활의 터전이기도 한 것이다.

📝 베드로전서 3장 1절 이후에는 부부들에게 주시는 말씀이 있다. 7절에서 부부 사이의 자세는 영적 생활에 직접 영향을 끼침을 말하고 있다. 그 내용이 무엇이며 실제의 삶에서 부부 사이의 관계가 영적 생활에 미치는 영향을 함께 나누어 보자.

---

8. 하나님께서 창조해 주신 가정

진정한 신앙은 가정에서 드러난다
Faith is revealed in the homes

신앙의 진정성은 교회에서보다는 먼저 가정에서 증명된다. 이러한 점에서 가정에서 신앙적인 자세를 갖추지 않은 신앙은 능력이 없다. 또한 진정한 성공자는 가정에서의 모습으로 알 수 있다. 다음의 말들을 곱씹어 보라.

- "대통령이 되거나 부자가 되거나 대학을 가거나 책을 쓰거나 또는 그 어떤 성공을 하는 것보다도, 남자나 여자가 가정에서 사명을 다하고 그들의 자녀와 후손들이 축복된 자로 성장하는 것이 더 큰 성공이다." – 데오도어 루즈벨트 Theodore Roosevelt
- "참 성공은 백악관에서 어떤 일이 일어나는가에 달린 것이 아니라 가정에서 어떤 일이 일어나는가에 달려 있다."– 바바라 부시 Barbara Bush

가정에서 가족 간의 관계에 따라 지켜야 할 성경적인 자세들이 있다. 에베소서 5장 22절에서 6장 4절을 읽고 다음 질문에 간단하게 답해 보자.

- 아내의 남편에 대한 자세

- 남편의 아내에 대한 자세

- 자녀들의 부모에 대한 자세

- 부모의 자녀에 대한 자세

가정에서 인정받는 신앙인이 교회의 지도자
Leaders of the church are those who are respected in the homes

교회에서 인정받는 지도자가 되기 위하여 먼저 가정에서의 영적 권위와 영적 생활이 바르게 되어야 함을 강조하는 것은 합당한 일이다.

📋 감독과 집사의 자격 중에 가정과 관계되는 것은 어떤 것들이며 이러한 요소들이 왜 중요한가? 디모데전서 3:1-13

네브라스카 대학의 인간발달과 가족연구소 The Human Development and Family Department at the University of Nebraska-Lincoln 에서는 건강하고 행복한 가정의 특징을 다음과 같이 연구 발표하였다.

- 서로에 대한 감사와 존중, 그 표현 Appreciation
- 함께함 Time together
- 문제와 위기를 극복하는 긍정적 자세 Ability to deal with crises in a positive manner
- 서로를 향한 최선의 헌신 High degree of commitment
- 훌륭한 대화 방법과 자제 Good communication patterns
- 강한 신앙심 High degree of religious orientation

📝 위의 내용들 중에서 나의 가정에 더욱 필요한 부분이 있다면 어떤 것인지 함께 나누어 보자.

깨어지고 상처 난 가정과 그 해결
Solution for broken and wounded families

모든 가정이 다 온전하지 않으며, 가정에는 언제나 어려움과 도전이 따라온다. 그러므로 원치 않는 어려움으로 고통 받는 가정이 많다. 성경에는 이러한 문제를 안고 있는 많은 가정들이 등장한다.

아담의 자녀는 살인을 저질렀고, 제사장 엘리는 불경건한 자녀들을 두었다. 다윗은 거짓과 불법으로 아내를 취하였고, 자녀들 사이에는 간음과 살인이 점철되었으며, 급기야 아들의 반역까지 감내해야 했다.

오늘 우리들의 가정 속에도 원치 않는 어려움들이 생길 수 있다. 문제가 생겼을 때에 이를 바르게 해결하는 것도 중요한 신앙적 행위이다.

📝 요한복음 2장 1-11절은 예수님의 공생애 첫 기적을 기록하고 있다. 그 첫 기적은 바로 젊은이들이 가정을 이루는 결혼 잔치에서였다. 여기에 중요한 의미가 있다. 본문을 읽고 우리들이 배울 수 있는 영적 교훈은 무엇인지 찾아보자.

요절

아내 된 자들아 이와 같이 자기 남편에게 순복하라 이는 혹 도를 순종치 않는 자라도 말로 말미암지 않고 그 아내의 행위로 말미암아 구원을 얻게 하려 함이니(베드로전서 3:1).

남편 된 자들아 이와 같이 지식을 따라 너희 아내와 동거하고 저는 더 연약한 그릇이요 또 생명의 은혜를 유업으로 함께 받을 자로 알아 귀히 여기라 이는 너희 기도가 막히지 아니하게 하려 함이라(베드로전서 3:7).

Key Point

1. 가정은 하나님께서 창조하셨다.

2. 가정에서 일차적으로 신앙이 가르쳐지고 전수되어야 한다.

3. 신앙의 진정성은 가정생활에서 나타나며, 교회의 지도자는 가정생활에 모범이 되어야 한다.

4. 가정에 존재하는 어떠한 문제도 가정을 축복하기 원하시는 주님께로부터 해결 받아야 한다.

수 료 증

(본인 보관용)

성명　　　　　　　　(남, 여)

전화

소속　(　)목양(　)구역

인도자

위 사람은 5단계 양육 과정 중 제 3단계

'성화의 삶' 이수에 필요한 소정의 과정을

마쳤으므로 이를 확인하여 드립니다.

년　　　월　　　일

인도자　　　　　　　　인

수 료 증

(제출용)

성명　　　　　　　　(남, 여)

전화

소속　(　) 목양 (　) 구역

인도자

위 사람은 5단계 양육 과정 중 제 3단계

'성화의 삶' 이수에 필요한 소정의 과정을

마쳤으므로 이를 확인하여 드립니다.

년　　월　　일

인도자　　　　　　　인